ROMY SCHNEIDER

btb

Romy Schneider

Alle Filme,
neu angeschaut
und gezeichnet
von Mahler

btb

Der Autor dankt für Sichtungshilfe,
Motivation, Fachwissen und Nerd-Expertise:
Astrid Mahler, Günter Krenn und Christoph Huber.

MIX
Papier aus verantwortungsvollen Quellen
FSC® C010328

Penguin Random House Verlagsgruppe FSC® N001967

1. Auflage

in der Penguin Random House Verlagsgruppe GmbH,
Neumarkter Str. 28, 81673 München.
Texte und Zeichnungen: Nicolas Mahler
Covergestaltung: SemperSmile, München,
nach einem Entwurf von Nicolas Mahler
Covermotiv: © Nicolas Mahler
Satz: Uhl + Massopust, Aalen
Druck und Einband: Alföldi, Debrezen
Printed in Hungary
ISBN 978-3-442-77235-3

www.btb-verlag.de

Rosemarie Magdalena Albach wird am
23. September 1938 in Wien geboren.
Mit fünfzehn dreht sie, ohne jede schauspielerische
Ausbildung, ihren ersten Film.

Wenn der weiße Flieder wieder blüht

»Heute Nacht hat Mami im Bett sogar geweint!«

01

Wenn der weiße Flieder wieder blüht
1953
Regie: Hans Deppe
Co-Stars: Willy Fritsch, **Magda Schneider**

Inhalt: Evchen Forster ist die Tochter des von ihr umschwärmten Star-Sängers Bill Perry, weiß es aber nicht. Als sie es von ihrer Mutter Therese (dargestellt von Romy Schneiders Mutter Magda Schneider) erfährt, findet sie es »himmlisch«. Bill Perry: »Ich war immer ein Künstler und nie ein normaler Mensch.«

Spoiler: Bill Perry (eigentlich: Willi Forster) heiratet am Ende seine Managerin, und Evchens Mutter wird mit dem gütigen »Onkel Peter« glücklich.

Der Film in einem Dialog: Willi: »Du liebst mich nicht mehr.« Therese: »Ja, Willi. Sehr schlimm?«

Interessant: Mama Magda Schneider war Jahre zuvor gern gesehener Gast bei Adolf Hitler. Magda Schneider (über ihre Tochter Romy): »Sie ist ein nettes Kätzchen, das gelegentlich seine Krallen zeigt, aber dann kriegt sie am besten gleich a Watschn – die ist immer und überall parat!«

FEUERWERK

»Wenn endlich mal einer kommt, der einem ein bisschen Mut macht. Der dir sagt, du bist begabt, du hast Talent, aus dir könnte mal was Großes werden.«

02

Feuerwerk
1954
Regie: Kurt Hoffmann
Co-Star: Lilli Palmer

Inhalt: Alexander, das schwarze Schaf einer biederen Großfamilie, kehrt als Zirkusdirektor samt *trophy wife* Iduna (Lilli Palmer) und Zirkuszelt in seinen Geburtsort zurück. Seine Nichte Anna (Romy Schneider), Tochter eines Gartenzwergfabrikanten, ist fasziniert vom Glamour der Künstlerwelt und möchte sich der Truppe anschließen.

Der Film in einem Dialog: Alexander: »Das ist Iduna, meine liebe Frau, der Stolz meines Lebens!« Iduna: »Eh la hopp, eh la hopp, eh la hopp. O mein Papa war eine wunderbare Clown. O mein Papa war eine große Kinstler.«

Romy Schneider: »Mami spielt diesmal nicht mit.«

Magda Schneider: »Das Kind ist ja noch recht verspielt, aber das ist ja ihr gutes Recht. Andererseits ist sie schon eine richtige Besessene, und sie weiß, dass das Filmen keine Spielerei, sondern harte Arbeit ist.«

Rezeption: Sehr positiv, sogar die katholische Filmkritik urteilte: »Bis auf eine Tanzdarbietung auch für Jugendliche tragbar.«

Mädchenjahre einer KÖNIGIN

»Ich möchte eine Stunde am Tag allein sein.«

03

Mädchenjahre einer Königin
1954
Regie: Ernst Marischka
Co-Stars: Adrian Hoven, Magda Schneider

Inhalt: Die Entwicklung vom Prachtmädel Victoria zur Prachtkönigin Victoria. Baronin Lehzen: »Wenn der König einmal stirbt, bleibt niemand übrig als …« Victoria: »Ich.«

Genre: Probegalopp für Sissi mit ähnlicher Besetzung.

Der Film in einem Dialog:
Die Berater der Königin: »Was hat die Königin?«
»Die Kinderkrankheit aller Könige: Weltverbesserungswahn.«

Interessant: Trotz eigenem Vorspanncredit »Berater für Hofzeremoniell« (Major P.H. Bricknell) ist der Film voll fragwürdiger Geschmacklosigkeiten. Victoria: »Vergewaltigung, was ist das?« Lord Melbourne: »Majestät wissen nicht, was Vergewaltigung ist?« Victoria: »Nein, was ist das?« Lord Melbourne: »Vergewaltigung ist etwas nicht unbedingt Unangenehmes, das man einer Frau zufügt, ohne dass sie es wünscht.«

Romantik: Erst als Prinz Albert einen Untergebenen anbrüllt, erkennt Victoria, dass sie bei ihm in besten Händen sein wird (»Du bist ein Mann!«).

04

Die Deutschmeister
1955
Regie: Ernst Marischka
Co-Stars: Magda Schneider,
Siegfried Breuer jr.

Inhalt: Die unschuldige Stanzi Hübner (Romy Schneider) sucht ihr Glück in Wien und trifft in der Bäckerei ihrer Tante (Magda Schneider) auf den Militärmusiker Willi Jurek, Trommler vom K.-u.-k.-Infanterieregiment Hoch- und Deutschmeister Numero 4. Stanzi: »Das ist er, der mit der großen Trommel!«

Prädikat: Perverser als *Trio infernal*.

Cliffhanger: »Wenn ich nur wüsst', welches von den 2 Salzstangerln der Kaiser zuerst isst.«

Romy Schneider: »›Schlagobers fürs Gemüt‹ war in den frühen fünfziger Jahren die Devise meiner Mutter und Manager.«

Der Film in einer Dialogzeile: Tante: »Was ist dir denn über die Leber gelaufen? Der Deutschmeister?«

Die DEUTSCHMEISTER

Stanzi: »Schön haben S' trommelt! Mit so viel Gefühl.«
Willi: »Ich mach ALLES mit Gefühl.«

Der letzte Mann

*»Ich hab mich nämlich verlobt …
Gestern Abend!«*

05

Der letzte Mann
1955
Regie: Harald Braun
Co-Star: Hans Albers

Inhalt: Der in die Jahre gekommene Oberkellner Knesebeck (Hans Albers) wird vom profitgierigen neuen Hotelbesitzer zum Toilettenmann degradiert. Niddy Hövelmann (Romy Schneider), die Tochter der untadeligen vorigen Hotelbesitzerin, heiratet um Haaresbreite den Bösewicht (Blacky Fuchsberger), den Inbegriff einer neuen, rücksichtsloseren Generation. Niddy: »Ach, ich glaub, ich habe Pech in der Liebe.« Knesebeck: »Man hat mich in den Waschraum versetzt, was sagen Sie dazu?«

Wissenswert: Romy Schneiders erste zeitgenössische Backfischrolle. Remake von F. W. Murnaus spätexpressionistischem Meisterwerk von 1924.

Der Film könnte Sie interessieren, wenn … Sie wissen wollen, was das Wirtschaftswunder aus dem deutschen Expressionismus gemacht hat.

Hans Albers: »Es war nicht mein Film, es war ihr Film.«

06

Sissi
1955
Regie: Ernst Marischka
Co-Star: Karlheinz Böhm

Inhalt: Der junge Kaiser Franz Joseph findet Gefallen an der herzensguten Sissi, obwohl seine böse Mutter die Vermählung mit einer kühlen Dunkelhaarigen plant.

Romys Rolle: Naiv, tierlieb, »Papi-ist-der-Beste«

Interessant: Während Karlheinz Böhm hier als junger Kaiser auf Hirschjagd geht, spießt er nur fünf Jahre später in dem Kultfilm *Peeping Tom* (Michael Powell, 1960) als irrer Frauenmörder junge Starlets mit dem Stativ auf. *Sissi* spielte an den Kinokassen aber mehr ein. Die Geschichte der kleinen Kaiserin war so populär, dass sie sich zu einer stattlichen Trilogie auswuchs (vgl.: Hobbit-Trilogie).

Romy Schneider: »Sissi hing an mir wie ein Klotz am Bein.«

Der Film in einem Dialog: Sissi: »Mami! Ich darf mit Papi auf die Jagd gehen!« Herzogin Ludovika (Magda Schneider): »Aber deswegen brauchst du doch nicht so zu schreien.«

»Sissilein, was ist denn los mit dir?
Du bist ja ganz verstört.«

»Sie haben gesagt, ich bin interessant für die Presse?«

07

Kitty und die große Welt
1956
Regie: Alfred Weidenmann
Co-Stars: O. E. Hasse, Karlheinz Böhm

Inhalt: In Genf findet die wichtigste politische Konferenz nach dem 2. Weltkrieg statt, sie droht aber ohne Ergebnis zu bleiben. Der grüblerische britische Außenminister Sir William Ashlin lernt beim abendlichen Flanieren die junge Kitty kennen, die als Maniküre in einem Schönheitssalon arbeitet, und führt sie zum noblen Abendessen aus. Ein Presseskandal erschwert die Beziehung zu dem älteren Mann und treibt Kitty in die Arme seines Neffen Robert (Karlheinz Böhm).

Genre: Robert Musils *Mann ohne Eigenschaften* trifft die *Deutschmeister.* Sir William Ashlin: »Was haben wir wirklich erreicht, oder noch wichtiger: Was haben wir verhindert? Könnt ihr mir das sagen?«

Interessant: Erst nach der Hälfte des Films wird die versprochene Romanze zwischen Romy Scheider und Karlheinz Böhm, dem Traumpaar aus Sissi, eingelöst. Davor wird reiferen Männern die Fantasie eines guten Essens in Begleitung eines Backfisches geboten.

Spoiler: Als Sir Ashlin eine Sitzung versäumt, kommt die Konferenz plötzlich doch noch zu einem Ergebnis.

*»Wir dürfen anscheinend nicht lang glücklich sein.
Das ist unser Schicksal.«*

08

Sissi – Die junge Kaiserin
1956
Regie: Ernst Marischka
Co-Star: Karlheinz Böhm

Inhalt: Die junge Kaiserin langweilt sich, sie fühlt sich im Hofzeremoniell gefangen und sehnt sich nach Münchner Bier. Zum Glück bekommt sie Beschäftigung: Sie wird Mutter! Dadurch wird aber alles noch schlimmer.

Spannungsmoment: Beim Edelweißpflücken in den Tiroler Alpen stürzt Franz Joseph beinahe in den Tod!

Rezeption: Laut Karlheinz Böhm der mit Abstand beste aller *Sissi*-Filme.

Romy Schneider: »Sissi pappt an mir wie Grießbrei.«

Wissenswert: Gegen Ende des Films sind mehr Bischöfe zu sehen als in Luis Buñuels Gesamtwerk.

Der Film in einem Dialog: Herzogin Ludovika: »Warum ist Sissi davongelaufen?« Franzl: »Mein Gott, die alte Geschichte. Sie versteht sich nicht mit meiner Mutter.«

09

Robinson soll nicht sterben
1957
Regie: Josef von Báky
Co-Stars: Horst Buchholz, **Erich Ponto**

Inhalt: Tom Defoe (Horst Buchholz), Sohn des alternden Schriftstellers Daniel Defoe (Erich Ponto), ist ein Nichtsnutz und steht bei seinem Stammwirt in der Kreide. Um seine Schulden zu begleichen, stiehlt er das Originalmanuskript von Papas Klassiker *Robinson Crusoe*, was den Generationenkonflikt zusätzlich anheizt. Die Magd Maud (Romy Schneider) und King George II. helfen Tom schließlich aus der Patsche. Daniel Defoe: »Du willst Robinson verkaufen? Es gibt Dinge, Tom, die kann man nicht tun.« Tom Defoe: »Ein Bündel Papier ist dir wichtiger als dein eigener Sohn, ja?«

Romys Rolle: Edel, aber mit Selbstzweifel. »Es ist ja egal, was man einem dummen Mädel verspricht, nicht wahr? Ich hätte eben nicht so dumm sein dürfen. Ich bin schuld.«

Nerdwissen: Die Szenen in der dampfenden Baumwollmühle erinnern an die Höllenvision im Nonsens-Klassiker *Hellzapoppin'* (1942).

Romy Schneider: »Ich war fest entschlossen, diesen Film durchzusetzen. Es war und ist ein herrlicher Film.«

Der Film in einer Dialogzeile: »Wer mit dem Wirt vom *Gelben Papagei* zu tun hat, der ist verloren.«

ROBINSON SOLL NICHT STERBEN

»Glaub mir, es gibt sie, die Insel.«

10

Monpti
1957
Regie: Helmut Käutner
Co-Star: Horst Buchholz

Inhalt: Paris. Der arme ungarische Zeichner Monpti (Buchholz) verliebt sich in Anne-Claire, die ebenso arm ist, sich aber dafür schämt und deshalb gern die Wirklichkeit verdreht. Parallel zu dieser keuschen Liebesgeschichte wird eine typisch französische *amour à trois* reiferer Personen erzählt. Die Liebesgeschichte der Jungen endet bitter.

Realistischste Dialogzeile: »Hier haben Sie mal Ihre Zeichnungen zurück. Wir haben keinen Bedarf.«

Interessant: Der Film nimmt Romys spätere Werke vorweg. Er spielt in Frankreich, endet tragisch. Es gibt sündige Nachtclubszenen, offene Beziehungen und Fantasien von Eifersuchtsmord, Suizid und Reizwäsche.

Rezeption: Wegen Romys Auftritt in Unterwäsche fand der Film keinen Anklang bei der zeitgenössischen Kritik: zu freizügig! Auch Mutter Magda Schneider gefiel er nicht. 2007 wurde er von der britischen Zeitschrift *Sight & Sound* zu den 75 unterschätztesten Filmen der Filmgeschichte gezählt.

MONPTI

»Über dich könnte ich ein ganzes Leben nachdenken.«

Sissi – Schicksalsjahre einer Kaiserin

»Ich glaube, wir sind auf dem falschen Weg.«

11

Sissi – Schicksalsjahre einer Kaiserin
1957
Regie: Ernst Marischka
Co-Star: Karlheinz Böhm

Inhalt: Sissi denkt nur mehr an den Zweitwohnsitz in Gödöllö, Ungarn. Sie flirtet mit Graf Andrássy, fährt dann aber doch mit dem Kaiser nach Ischl. Beim Blumenpflücken bricht sie zusammen, sie ist schwer lungenkrank. Kaiser und Kaiserin haben mit Depressionen zu kämpfen, bis Sissis Mutter Ludovika eine Idee hat: Vielleicht hilft ein Urlaub in Griechenland. Herzogin Ludovika: »Du musst dich etwas ablenken, nicht immer nur grübeln.«

Hinter den Kulissen: Nicht nur die 6 Kilogramm schwere Sissi-Perücke bereitete Romy Schneider Kopfschmerzen. Das Angebot, einen vierten *Sissi*-Film zu drehen, lehnte sie trotz Millionengage ab.

Romy Schneider später: »Wahrscheinlich hätte ich die alte, klapprige Sissi weiterspielen sollen, bis ich fünfunddreißig bin!«

Karlheinz Böhm: »Für mich war Romy ein nettes junges Mädchen und sonst nichts.«

Der Film in einer Dialogzeile: Franz Joseph: »Bleib bei mir, fahr nicht gleich wieder zurück nach Gödöllö.«

Scampolo

»Was bin ich eigentlich? Bin ich hübsch, Tonio? Die Leute sind nun mal so … Krank darf man nicht sein und nicht hässlich.«

12

Scampolo
1958
Regie: Alfred Weidenmann
Co-Star: Paul Hubschmid

Inhalt: Das quirlige Waisenmädchen Scampolo lebt in wunderschöner Kulisse auf der Insel Ischia und ist bei den Inselbewohnern äußerst beliebt. Dennoch hat sie *issues:* Findet man sie hübsch? Wollen Männer immer nur das Eine? Ein erfolgloser Architekt (Paul Hubschmid) beantwortet beides mit Ja. Scampolo: »Ein Mädchen, das allein lebt, so wie ich, hat hier eine Katze, die man streicheln muss, und einen Hund, der bellt.«

Größenvergleich: Paul Hubschmid war zwar deutlich größer als Romy Schneider, aber viel kleiner als einer seiner früheren Filmpartner: Im Vergleich zur Riesenechse in dem Film *Beast from 20 000 Fathoms* (Èugene Lourié, 1953) war Hubschmid ein Zwerg.

Der Film in einem Dialog: Scampolo: »Sie sind sehr groß, Señor Costa, nicht?« Costa: »Eins einundneunzig.«

13

Mädchen in Uniform
1958
Regie: Géza von Radványi
Co-Star: Lilli Palmer

Inhalt: 1910, im Mädchenpensionat herrschen strengste Disziplin und militärischer Drill.
Frau Oberin: »Zukünftige Soldatenmütter müssen lernen, Schicksalsschläge ohne Wehleidigkeit zu ertragen. Die Eingangstür zu diesem Stift ist nicht zufällig mit Eisen beschlagen.«
Die Schülerin Manuela (Romy Schneider) schwärmt für ihre verständnisvolle Lehrerin Fräulein von Bernburg (Lilli Palmer) und gerät dadurch in Schwierigkeiten.

Genre: *Full Metal Jacket* (Stanley Kubrick, 1987) für Mädchen.

Wissenswert: Remake des gleichnamigen Klassikers von 1931, Regie: Leontine Sagan. Lesenswert ist Sagans zu ihren Lebzeiten unveröffentlicht gebliebene Biografie *Licht und Schatten*.

Nerd-Wissen: Elf Jahre später spielte Lilli Palmer in dem spanischen Horrorfilm *La residencia* (dt.: *Das Versteck – Angst und Mord im Mädcheninternat*) eine trashige Variation ihrer Rolle als Erzieherin.

Der Film in einem Dialog: Fräulein von Bernburg: »Ich glaube, Frau Oberin hat recht. Du musst mit Strenge geheilt werden.«
Manuela: »Geheilt? Wovon?«

Mädchen in UNIFORM

»Jeden Abend vor dem Einschlafen sagst du zu dir selbst: Ich werde hier sehr glücklich werden.«

14

Christine
1958
Regie: Pierre Gaspard-Huit
Co-Star: Alain Delon

Inhalt: Wien, 1906. Der Dragonerleutnant Fritz (Alain Delon) hat ein Gspusi mit der Frau von Baron Eggersdorf. In Grinzing beim Heurigen lernt er das Fräulein Christine (Romy Schneider) kennen. Fritz und Christine verlieben sich und schwören sich ewige Treue. Es gelingt Fritz, das Versprechen einzuhalten, weil er kurz darauf vom Baron Eggersdorf beim Duell erschossen wird. Christine: »Hörst du's? Das ist die Ewigkeit. War, ist und wird immer sein.«

Wissenswert: Diese Arthur-Schnitzler-Variante war der einzige Film, in dem der spätere »eiskalte Engel« Delon Wienerisch spricht (synchronisiert von dem Tiroler Dietmar Schönherr).

Romys Rolle: Identisch mit Mutter Magda Schneiders Rolle in Max Ophüls' *Liebelei*, ebenfalls frei nach Arthur Schnitzler. »Gehen Sie nur, lassen Sie sich betatscherln von den Herrn Offizieren.«

Rezeption: Der zeitgenössischen deutschen Filmkritik fällt zu Delon (in seiner erst zweiten Filmrolle) nur ein, dass er wie »ein uniformierter Liftboy« wirkt.

Der Film in einer Dialogzeile: Christine: »Ich mag keine Liebesg'schichten, die bös ausgehen.«

CHRISTINE

»Sie werdens ned glauben, ich hab a sehr kompliziertes Leben.«

15

Die Halbzarte
1959
Regie: Rolf Thiele
Co-Star: **Magda Schneider** als Mutter

Inhalt: Die fünfköpfige Künstlerfamilie Dassau besteht aus hochbegabten Ausnahmetalenten. Die älteste Tochter Nicole beschließt, das unanständigste Theaterstück der Welt zu schreiben, um damit die Geldsorgen der Familie zu beenden. Der Plan geht auf, das Stück wird ein Bombenerfolg. Ein amerikanischer Produzent zeigt sich nicht nur an dem Stück, sondern auch an Nicole selbst interessiert.

Stilmittel: Schrilles 50ies-Dekor in Grün, Pink und Orange, Dialoge am Rande des guten Geschmacks. (Mutter: »Wenn er dich verprügelt hat, dann liebt er dich, mein Kind.«)

Erinnert an: *The Royal Tenenbaums* (Wes Anderson), *Pink Flamingos* (John Waters).

Interessant: Der Film war Österreichs Beitrag für das Festival von Cannes, die Organisatoren legten den Urhebern aber nahe, den Film wegen mangelnder Qualität lieber doch nicht im Wettbewerb zu zeigen.

Ein Lichtblick: Magda Scheiders Ohnmachtsanfall im Nudistenclub *Sonnenfreunde.*

Der Film in einer Dialogzeile: Ein Hochzeitsgast: »Das ist sicher alles sehr modern, aber gefallen tut's mir nicht.«

Die Halbzarte
»Alles an mir ist
anständig.«

16

Ein Engel auf Erden
1959
Regie: Géza von Radványi
Co-Star: Henri Vidal (starb im folgenden Jahr an einem Herzinfarkt)
In einer Nebenrolle: Der junge **Jean-Paul Belmondo** im blitzblauen Overall. Den Durchbruch schaffte er ein Jahr danach in Godards *Außer Atem*.

Inhalt: Ein Schutzengel morpht sich in die Gestalt Romy Schneiders, um einen Autorennfahrer in eine Stewardess in Gestalt Romy Schneiders verliebt zu machen. Klingt kompliziert, ist aber romantisch.

Romys Rolle: süß, bleich, spooky

Nerd-Wissen: Die Farbe des Overalls borgte sich Jean-Luc Godard für Belmondos berühmte Gesichtsbemalung in *Pierrot le Fou* (1965). Mit diesem Wissen können Sie bei Ihren Cineastenfreunden punkten!

Spoiler: Am Ende verwandelt sich der Engel in ein Baby.

Romy Schneider: »Ich kann nicht mehr geben, als mir das Drehbuch erlaubt.«

»Es ist nicht leicht hier auf der Erde.«

17

Die schöne Lügnerin
1958
Regie: Axel von Ambesser
In einer Nebenrolle: Helmut Qualtinger

Inhalt: 1815, während des Wiener Kongresses: Die junge Korsettschneiderin Fanny Emmetsrieder gibt sich auf einem Ball als Komtess aus, tanzt mit Zar Alexander, liebt aber eigentlich einen Grafen, der so tut, als wäre er Kammerdiener von Fürst Metternich. Geheimpolizist Zawadil (Helmut Qualtinger) versucht, alles aufzudecken. Zawadil: »Soll ich der Dame vielleicht im Keller unser kleines Folterkammerl zeigen?«

Wissenswert: Paradebeispiel einer österreichisch-französischen Koproduktion. Marcel Marceau zeigt eine Napoleon-Pantomime, und Gerhard Bronner singt dazu. Außerdem werden in dem Film Geschlechteridentitäten diskutiert. Zawadil: »Es hat sich einer eingeschlichen, ein schwieriger Fall! Es handelt sich um ein Wesen beiderlei Geschlechts.«

Der Film in einer Dialogzeile:
Großvater Emmetsrieder (Hans Moser): »Du gehst mir nicht mehr aus dem Haus, solang diese Ausländer hier in Wien sind, verstanden?«

DIE SCHÖNE LÜGNERIN

»Gräfin wollt ich werden!
Als ob das ein Beruf wär!«

18

Katia
1959
Regie: Robert Siodmak
Co-Star: Curd Jürgens

Inhalt: Zar Alexander (Curd Jürgens) ist zwar verheiratet, verliebt sich aber beim Besuch im Mädchenpensionat in die aufmüpfige Katja (Romy Schneider). Die Beziehung scheitert nicht am enormen Altersunterschied, sondern an diversen Attentatsversuchen russischer Revolutionäre: »Unser Hochzeitsgeschenk ist zu früh explodiert.«

Romys Rolle: dunkelhaarig, wartend

Warnung: Mit dem Buch … *und kein bisschen weise* schrieb Curd Jürgens Jahre später eine der abstoßendsten Autobiografien aller Zeiten.

Der Film in einem Dialog: Katja: »Wofür opfern Sie sich eigentlich?« Revolutionärin: »Für die Sache.«

»Weißt du, was das Schönste ist?
Auf dich zu warten.«

KATJA
die ungekrönte
Kaiserin

»Weg mit den greisen Männern! Störrisch, starr wie die schon Toten! Zu nichts mehr fähig!«

DIE SENDUNG DER LYSISTRATA

19

Die Sendung der Lysistrata
1961
Regie: Fritz Kortner
Co-Star: Barbara Rütting

Inhalt: Die Schauspielerinnen Agnes und Uschi (Barbara Rütting und Romy Schneider) laden eine Gesellschaft im Jahr 1961 zum Fernsehabend. Gegeben wird die antike Sexstreik-Komödie *Lysistrata* mit den beiden in tragenden Rollen. Lysistrata (Barbara Rütting): »Seid ihr denn Bruttiere bloß und zeugt mit euren Männern nur neue Männer für den Krieg? Und Frauen, die wieder nur Bruttiere sind für neue Kriege?«

Rezeption: Der Fernsehfilm wurde vom NDR produziert, aber aus Sittlichkeitsgründen nicht deutschlandweit ausgestrahlt. In Bayern sendete man anstelle der anzüglichen Lysistrata lieber gar nichts, die Bildschirme blieben leer. Auch Atomkraftbefürworter fühlten sich von Aristophanes beleidigt.

Der Film in einer Dialogzeile:
Uschi (Romy Schneider): »Ich sage dir, Fernsehen ist noch anstrengender als Film, vom Theater gar nicht zu reden.«

»Deine Callgirls haben mich auf eine Idee gebracht.
Ich werde mir auch einen Job suchen.«

20

Boccaccio 70
(Episode *Der Job*)
Regie: Luchino Visconti
1962
Co-Star: Tomas Milian (drehte mit Michelangelo Antonioni und Lina Wertmüller, seine größten Erfolge feierte er aber mit niederschwelligen Rollen wie *Der Superbulle mit der Strickmütze.*)

Inhalt: Ein reicher Mann wird in einen Skandal mit Prostituierten verwickelt, seine Gattin Pupe (Romy Schneider) probiert in der Zwischenzeit einige Chanel-Outfits und beschließt, von ihrem Mann in Zukunft ebenfalls Geld zu nehmen. Pupe: »Wie oft waren wir schon zusammen im Bett! So hundertfünfzig Mal? Dann schuldest du mir insgesamt 60 Millionen Lire. Damit kann ich mir ein Penthouse kaufen und eine Boutique eröffnen.«

Romys Rolle: jung verheiratet, verbittert, kühl

Romy Schneider: »There are three people who have changed my life: Alain, Visconti and Coco Chanel.«

21

Le Combat dans l'île
1962
Regie: Alain Cavalier
Co-Star: Jean-Louis Trintignant

Inhalt: Die Schauspielerin Anne (Romy Schneider) ist mit Clement verheiratet, einem aufbrausenden Extremisten, der mit seiner Flak auf linke Politiker feuert.

Der Film in einem Dialog: Clement: »Warum ich ihn umgebracht habe? Weil er fällig war!« Anne: »Du bist wahnsinnig!«

Spoiler: Clement wird ausgerechnet von einem pazifistischen Buchdrucker niedergestreckt.

Nerd-Wissen: Der pazifistische Scharfschütze wird von Henri Serre dargestellt, dem Jim aus Truffauts ein Jahr später entstandenen *Jules et Jim.*

Jean-Louis Trintignant: »Romy Schneider ist eine der schwierigsten Darstellerinnen, die ich kenne, aber auch eine der außergewöhnlichsten.«

DER KAMPF AUF DER INSEL

»Ich bin keine Schauspielerin, ich bin nichts.
Lassen Sie mich in Ruhe.«

22

The Trial
1962
Regie: Orson Welles
Co-Stars: Anthony Perkins,
Orson Welles, Jeanne Moreau

Inhalt: Als Franz Kafkas Josef K. aus unruhigen Träumen erwacht, findet er sich in Anthony Perkins *(Psycho)* verwandelt. Auch alle ihn umgebenden Personen haben die Gestalt von Stars angenommen (Orson Welles, Jeanne Moreau, Romy Schneider).

Romys Rolle: die männerverschlingende Pflegerin von Orson Welles

Orson Welles: »Romy Schneider ist die beste Schauspielerin ihrer Generation.«

Bemerkenswert: Nicht nur der von Orson Welles gesprochene Nachspann des Films verrät: Welles hat hier deutlich mehr Gewicht als Kafka. »Ich habe den Advokaten gespielt, das Drehbuch geschrieben und Regie geführt. Mein Name ist Orson Welles.«

Der Film in einer Dialogzeile: Josef K.: »Alles ist verloren, alles. Na und? Ist das Universum deshalb zum Wahnsinn verurteilt?«

Der Prozeß

»Ich hab' einen körperlichen Fehler.
Kommen Sie, ich zeig's Ihnen.«

DIE SIEGER

»Ich bin allein, ich muss arbeiten. Es ist gleichgültig, wo ich das mache, und es ist belanglos, was ich mache.«

23

The Victors
1963
Regie: Carl Foreman
Co-Star: George Peppard

Inhalt: Die desillusionierenden Erlebnisse einiger in Europa stationierter US-Soldaten gegen Ende des Zweiten Weltkrieges. Neben der Befreiung eines KZs, Kriegsverletzungen und psychischen Schäden bleibt den Helden aber auch Zeit für Techtelmechtel mit den attraktiven Europäerinnen Regine, Magda, Helga und Trudi (Romy Schneider, Melina Mercouri, Elke Sommer und Senta Berger).

Romys Rolle: Regine arbeitet als Violinspielerin in einem Nachtclub, bietet aber auch noch andere Dienste an.

Stilmittel: Authentische Wochenschauberichte, episodenhafte Beziehungsdramen und ein Weihnachtssong von Frank Sinatra zur Hinrichtung eines Deserteurs. Titelsequenz: Saul Bass.

Der Film in einer Dialogzeile: Magda (Melina Mercouri): »Geh zu denen hinaus und stirb! Ich hoffe, du stirbst! Stirb mit deinen Freunden!«

24

The Cardinal
1963
Regie: Otto Preminger
Co-Star: Tom Tryon

Inhalt: Abenteuer eines jungen Priesters auf seinem Weg zu Kardinalswürden. Seine große Liebe Annemarie (Romy Schneider) hat gegen Gott keine Chance, überredet ihn aber immerhin einmal zum Walzertanzen.

Romys Rolle: undankbar, aber für einen Golden Globe nominiert

Wissenswert: Co-Star Tom Tryon, bekannt als von Aliens besessener Gatte im Klassiker *I Married a Monster From Outer Space* von 1958, hängte kurz nach dieser Priesterrolle die Schauspielerkarriere an den Nagel und schrieb Horrorromane.

In weiteren Rollen: John Huston (»Heute früh ist der Papst gestorben.«), Burgess Meredith (später bekannt als der Trainer von *Rocky*), Peter Weck und der Ku-Klux-Klan.

Nerd-Wissen: Um die trockene Handlung aufzupeppen, nutzt Preminger einen Theaterbesuch des Priesters für eine schrille Showeinlage von *Bobby and the Adora-Belles.*

Otto Preminger zu Romy Schneider: »Wenn du die sogenannte Weltkarriere im Film machen willst, dann dreh' alles, was kommt, solange es nicht absoluter Dreck ist. Dreh alles!«

DER KARDINAL

Annemarie: »Sie sind ein seltsamer Mann.«
Stephen: »Ich bin ein Priester.«

*»Außerdem hab ich etwas wiedergefunden:
meinen Glauben an die Scheidung!«*

25

Good Neighbour Sam
1964
Regie: David Swift
Co-Star: Jack Lemmon

Inhalt: Die freiheitsliebende Janet Lagerlof (Romy Schneider) wird von ihrem konservativen Großvater 15 Millionen Dollar erben, falls sie eine funktionierende Ehe vorweisen kann. Dazu borgt sie sich den Gatten ihrer besten Freundin aus, den biederen Werbefachmann Sam Bisell (Jack Lemmon). Als Janets Ex-Mann auf der Bildfläche erscheint, beginnen Partnertausch-Turbulenzen. Sam: »Heut Nacht würd ich gern in meinem eigenen Haus bei meiner eigenen Frau schlafen.«

Rezeption: Jack Lemmon hat den Film gehasst.

Interessant: Die amerikanische Filmindustrie verpasste Romy Schneider wegen ihres grüblerischen Perfektionismus den Spitznamen *Miss Worry.*

Romy Schneider: »Ich habe es zu mittleren Rollen in modernen Filmen gebracht.«

Der Film in einer Dialogzeile:
Sam: »Wenn Sie schon meine Unterwäsche tragen, werden Sie nicht auch noch frech, Sie nachgemachter Mensch!«

L'enfer
1964
Regie: Henri-Georges Cluzot
Co-Star: Serge Reggiani

Der Film kam nie zustande, er blieb ein Fragment. Die Produktionsgeschichte wird dem Filmtitel gerecht: Zuerst erkrankte der Hauptdarsteller (Serge Reggiani), dann die Hauptdarstellerin, schließlich erlitt der Regisseur einen Herzanfall. Bekannt sind Testaufnahmen mit Romy Schneider, die eindrucksvolle Licht- und Farbexperimente zeigen.

Romy Schneider: »Ich bin müde. Mein Leben ist die Hölle.«

Die Hölle

»Warum haben die Menschen so viel Ärger mit der Liebe?«

26

What's New Pussycat?
1965
Regie: Clive Donner
Co-Stars: Peter Sellers, Peter O'Toole,
Woody Allen, Ursula Andress

Inhalt: Ein Frauenheld bespricht sein anstrengendes Liebesleben mit einem verhaltensauffälligen Psychiater.

Romy Schneider: »Meine Rolle in Was gibt's Neues, Pussy? hat mir nie gefallen. Ich sah fett und schiach aus. Für mich war das sowieso ein pornografischer Film.«

Nerd-Wissen: Der irre Psychiater (Peter Sellers) heißt im Original Dr. Fritz Fassbender, in der deutschen Fassung aber Dr. Nikita Popowitsch, wahrscheinlich um den humoristischen Grundton des Films zu betonen.

Musik: Bekannt ist der Film vor allem durch das Titellied von Burt Bacharach, gesungen von Tom Jones. Der Song wurde für den 1966 Oscar nominiert, unterlag aber dem Lied *The Shadow of Your Smile* aus dem Richart Burton-Elizabeth Taylor-Beziehungsdrama *Schlösser im Sand.*

Der Film in einem Dialog: Victor: »Haben Sie Salz?«
Popowitsch: »Ich habe ein Boot, Zündhölzer, Petroleum, Leuchtkugel, zwei Schwerter und eine Fahne, aber Salz habe ich nicht.«

27

10:30 PM Summer
1966
Regie: Jules Dassin
Drehbuch: Jules Dassin und Marguerite Duras
Co-Stars: Melina Mercouri, Peter Finch

Inhalt: Maria und Paul, ein Paar in der Krise, machen mit seinem kleinen Kind und der gemeinsamen Bekannten Claire (Romy Schneider) Urlaub in Spanien. Das Wetter ist eine Katastrophe, beinahe apokalyptisch. Paul und Claire praktizieren in einem überfüllten Hotel wortkarge Leidenschaft, während draußen der durchnässte Eifersuchtsmörder Palestra sein Unwesen treibt. Die alkoholkranke Maria entwickelt eine ungesunde Faszination für Palestra. Paul: »Wir alle drei zusammen? Ein Vierter würde allerdings etwas Abwechslung ins Spiel bringen.« Maria: »Zum Beispiel Palestra.«

Romys Rolle: makellos gekleidet, fast wortlos

Mercouris Rolle: over the top

Bemerkenswert: der geklatschte Flamenco-Vorspann, die expressionistische Bildgestaltung und die Darstellung einer typischen 60er-Jahre-Ehe.

Stilmittel: mehr Wetter als Dialog

Der Film in einer Dialogzeile: Maria: »Jemand, der sich weigert zu begreifen, dass Liebe sich ändern kann, dass man sie übertragen kann, oder dass sie tot ist, ist ein Idiot. Basta.«

HALB ELF IN EINER SOMMER NACHT

»Maria braucht mich …
Ich mache die Atmosphäre erotisch, aufregend.«

28

La voleuse
1966
Regie: Jean Chapot
Co-Star: Michel Piccoli

Inhalt: Julia und Werner sind ein kinderloses Ehepaar in Westberlin. Julia hat Sehnsucht nach ihrem Sohn aus einer früheren Beziehung, den sie als Neunzehnjährige weggegeben hat. Sie will ihn von den Zieheltern Kostrowicz mithilfe der Polizei wieder zurückholen. Herr Kostrowicz droht daraufhin, sich vom Schornstein Nummer 4 eines Fabrikgeländes in Oberhausen zu stürzen. Julia: »Von mir aus soll er runterspringen.«

Deutscher Alternativtitel: Schornstein Nummer 4

Bemerkenswert: Der Film spielt zwar in Berlin, Oberhausen und Essen, die typisch französischen Hassliebe-Dialoge stammen aber von Marguerite Duras.

Interessant: Im selben Jahr lehnt Romy Schneider das Angebot von Claude Lelouch ab, neben Jean-Louis Trintignant im Klassiker *Ein Mann und eine Frau* zu spielen.

Der Film in einer Dialogzeile: Werner: »Da du mir noch nicht gleichgültig bist, kann ich dich nur hassen. Begreifst du das?«

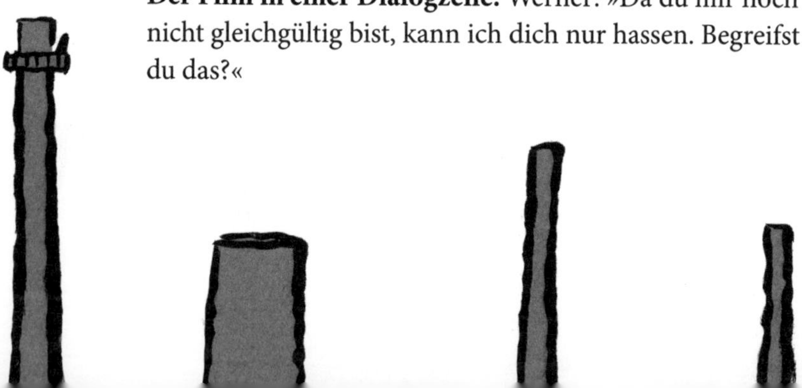

»Ich muss das Kind haben.
Und ich hole es mir!«

DIE DIEBIN

29

Triple Cross
1966
Regie: Terence Young
Co-Stars: Christopher Plummer,
Yul Brynner, Gert Fröbe

Inhalt: Tresorknacker Eddie Chapman (Christopher Plummer) übt im Zweiten Weltkrieg den anstrengenden Job eines Doppelagenten aus. Er pflegt beruflichen Kontakt zu Nazis (Gert Fröbe, Yul Brynner), dem britischen Geheimdienst und der undurchsichtigen schwedischen Komtess Helga Lindström (Romy Schneider). Der Film endet beim verdienten Feierabenddrink an der Bar. Komtess: »Sie scheinen alle entschlossen, mich zu diesem Mann ins Bett zu bringen.« Eddie: »Wie zum Teufel bin ich in all das hineingeraten?«

Farbskala: Wehrmachts- und Geheimdienstuniformen in Grau, Ocker und Graublau. Romy Schneiders Outfits als Farbtupfer in Schwarz, Apricot, Grün und Lavendel.

Nerd-Wissen: Nicht nur der Abspannsong verrät den Touch von James-Bond-Regisseur Terence Young. Auch Bond-Girl Claudine Auger ist als Resistancekämpferin mit von der Partie.

Interessant: Eddie Chapman gab es wirklich. Er starb 1997 mit 83 Jahren.

»Sie trauen mir wohl nicht?!«

30

Otley
1969
Regie: Dick Clement
Co-Star: Tom Courtenay

Inhalt: Ein Nichtsnutz ohne Führerschein (Tom Courtenay) wird in ein Spionagekomplott verwickelt und macht dadurch immerhin die Bekanntschaft der pfiffigen CIA-Agentin Imogen (Romy Schneider). Imogen: »Arbeiten Sie für Proudfoot?«

Romy Schneider: »Niemals sah ich schöner aus als in diesem Film.«

Mode: Nicht nur die Frauen tragen hier Pelzmäntel.

Höhepunkt: Eine Führerscheinprüfung gerät außer Kontrolle.

Interessant: Kam in Deutschland nie ins Kino.

Tom Courtenay: »Sie ist eine große Könnerin.«

Romy Schneider: »Es war ein sehr schlechter Film.«

*»Haben Sie wirklich keinen Führerschein,
in Ihrem Alter?«*

31

La piscine
1969
Regie: Jacques Deray
Co-Stars: Alain Delon, **Jane Birkin**

Inhalt: Enttäuscht vom Misserfolg seines letzten Romans wird Jean-Paul (Alain Delon) Werbetexter und bringt beim gemeinsamen Urlaub Harry, den Ex-Geliebten seiner Lebensgefährtin Marianne (Romy Schneider), im Swimmingpool um. Jean-Paul: »Es gibt Tage, die find ich scheußlich. Heut' ist so einer.«

Der Film in einer Dialogzeile: Marianne: »Komm, bitte lass mich.«

Romy Schneider: »Dauernd Pool rein – Pool raus – was für'n Beruf!« (aus einem Brief an ihre Freundin Christiane Höllger)

»Diese Mücken sind widerlich.«

»Wollen wir wieder eines von unseren Spielen spielen?«

32

My Lover, My Son
1970
Regie: John Newland
Co-Star: Dennis Waterman

Inhalt: Die Millionärsgattin Frances meint in ihrem jugendlichen Sohn James ihren verstorbenen Liebhaber, den Vater des Kindes, zu erkennen. Der Wiedergänger weckt nicht nur mütterliche Gefühle in Frances, sondern lässt sie schließlich auch ihren Verstand verlieren.

Romys Rolle: aparter Wahnsinn

Wissenswert: Dennis Waterman, der Darsteller des Sohnes, war nur 10 Jahre jünger als Romy Schneider.

Persönliche Anmerkung: Selten wurde ein Filmtitel profaner ins Deutsche übertragen.

Romy Schneider: »Eine der saftigsten Frauenrollen seit Scarlett O'Hara!«

Spoiler: Der Sohn läuft am Schluss einfach davon.

Der Film in einem Dialog: James: »Mutter! Mutter!« Frances: »Geh in dein Zimmer!«

BLOOMFIELD

»Du hast dich kaufen lassen! Was bist du jetzt? Stolzer Besitzer eines Gebrauchtwagens!«

33

Bloomfield
1970
Regie: Richard Harris, Uri Zohar
Co-Star: Richard Harris

Inhalt: Die aufstrebende Bildhauerin Nira (Romy Schneider) hat Zores mit ihrem Liebhaber, dem alternden Fußballer Eitan (Richard Harris).

Plus: aufblasbare Möbel

Minus: ein altkluger zwölfjähriger Fußballtrainer

Romys Rolle: als moderne Künstlerin eindeutig im falschen Film

Spoiler: Der Fußballer verliert nicht nur das entscheidende Match, er zerreißt auch noch das Tornetz.

Nerd-Wissen: Der Film blieb Richard Harris' einzige Regiearbeit und der einzige Film der Filmgeschichte, der in der Stadt Limerick Weltpremiere feierte.

Romy Schneider: »Ich habe nie einen großen Film gemacht.«

34

Les choses de la vie
1970
Regie: Claude Sautet
Co-Stars: Michel Piccoli, Alfa Romeo Giulietta Sprint

Inhalt: Der Architekt Pierre fährt mit seinem Auto gegen einen Baum und erinnert sich an Baupläne, an seine Frau, an seine Geliebte Hélène und an die Ferienplanung mit dem ebenfalls schon kettenrauchenden Sohn. Pierre: »Du bist sehr schön. Wo ist der Lichtschalter?«

Interessant: Romy Schneider erhielt die Rolle erst, nachdem Marlène Jobert, Catherine Deneuve und Annie Girardot abgelehnt hatten.

Statistik: Piccoli raucht im Laufe des Film sechsundzwanzig Zigaretten.

Spoiler: nicht notwendig

Der Film in einer Dialogzeile: Hélène: »Wir haben keine gemeinsame Erinnerung, und das ist wie Leute, die kein Kind haben können: eine Niederlage.«

»Ich seh' dich an, und ich könnte weinen, weil ich so müde bin. Müde, dich zu lieben.«

Die Geliebte des Anderen

»Du kannst dir nicht vorstellen,
wie sehr ich dich hasse.«

35

Qui?
1970
Regie: Léonard Keigel
Co-Star: Maurice Ronet

Inhalt: Marina (Romy Schneider) lebt in einer anstrengenden Beziehung mit dem aufbrausenden Claude. Bei einer rasanten Spritztour über die Klippen der Bretagne stürzt Claudes Auto ins Meer, Marina rettet sich durch einen Sprung in letzter Sekunde, Claudes Körper bleibt unauffindbar. Zwei Tage später beginnt Marine eine Affäre mit Claudes Bruder Serge (Maurice Ronet), der aber davon überzeugt ist, dass Marine Claude getötet hat. Aber ist Claude überhaupt tot?

Interessant: Der Film ist ähnlich kurz wie sein Originaltitel, nämlich nur 78 Minuten.

Claude Sautet: »Romy war immer frustriert, wenn es in einem Film keine Szenen des Zorns gab. Ihr Traum war es, zornige Szenen zu spielen.«

Der Film in einem Dialog: Marina: »Du kotzt mich an. Du bist widerlich.« Claude: »Du Miststück.«

Romy Schneider: »Ich bin halt a Nerverl. Mir ist alles zuzutrauen.«

36

La Califfa
1970
Regie: Alberto Bevilacqua
Co-Star: Ugo Tognazzi

Inhalt: Die attraktive Fabrikarbeiterin Irene (Romy Schneider) hat vor Jahren ihren Ehemann bei einem blutigen Streik verloren und legt sich jetzt mit dem einflussreichen Industriellen Doberdò (Ugo Tognazzi) an. Die Auseinandersetzung findet nicht nur auf ideeller, sondern auch auf körperlicher Ebene statt. Irene: »Du schreist und tobst. Aber du fürchtest dich vor der Stille.« Doberdò: »Seit Stunden werde ich mit Metaphern bombardiert.«

Romy Schneider: »Bevilacqua hatte vom Filmen keine Ahnung. Wir alle schwammen. Sogar Ugo Tognazzi.«

Der Film in einer Dialogzeile: Doberdò: »Was soll's. Ich geh schlafen.«

»Immer dieser Schmerz.«

37

Max et les Ferrailleurs
1971
Regie: Claude Sautet
Co-Star: Michel Piccoli

Inhalt: Der zwänglerische Kommissar Max hat die fixe Idee, Kriminelle auf frischer Tat zu ertappen. Er benutzt die Freundin eines Kleinganoven, die Prostituierte Lili (Romy Schneider), um eine Bande einfältiger Loser hinter Gitter zu bringen.

Romy Schneider: »Ich hörte die Leute schon sagen: Ah, die kleine Schneider will jetzt eine Prostituierte spielen! Nun, ich hab's getan.«

Spoiler: Der Dümmste der Truppe, die »geistige Null« Lui Seraffino, wird als begeisterter Comicleser gezeigt und als Einziger der Gang von Polizisten erschossen.

Der Film in einer Dialogzeile: Losfeld: »Wenn das hinhaut, haben die keine Chance.« Max: »Wohl kaum.«

Lili: »Ich werd' nicht mehr versuchen, dich zu verstehen.«
Max: »Da gibt's auch nichts zu verstehen.«

38

The Assassination of Trotsky
1972
Regie: Joseph Losey
Co-Stars: Alain Delon, **Richard Burton**

Inhalt: Der russische Revolutionär Leo Trotzki (Richard Burton) lebt aus Angst vor einem Attentat in Mexiko. Die Dolmetscherin Gita (Romy Schneider) liebt den dubiosen Mercader (Alain Delon), der unter dem Pseudonym »Frank Jacson« plant, Trotzki mit einer Spitzhacke zu töten. Trotzki: »Siehst du, heut Nacht haben sie uns wieder nicht umgebracht.«

Romys Rolle: laut Regisseur Joseph Losey »a non-character«

Delons Rolle: irgendwo zwischen eiskaltem Engel und Nervenbündel

Interessant: Richard Burton gab später stolz an, bei diesem Film zum ersten Mal in seinem Leben eine Rolle nüchtern durchgestanden zu haben. Zum Lohn wurde ihm 1980 der Golden Turkey Award in der Kategorie »Life Achievement« als schlechtester Schauspieler aller Zeiten verliehen.

Der Film in einem Dialog: Frank Jacson: »Sie verbringen wohl die meiste Zeit am Schreibtisch.« Trotzki: »Mhm.«

DIE ERMORDUNG TROTZKIS

»Auf jeden Fall liebe ich dich … und nicht Trotzki.«

39

Ludwig
1972
Regie: Luchino Visconti
Co-Star: Helmut Berger

Inhalt: Der labile Bayernkönig Ludwig II. interessiert sich mehr für Richard Wagner und opulent ausgestattete Schlösser als für Politik. Er schwärmt für seine extravagante Cousine, Kaiserin Sissi (Romy Schneider), die ihn aber mit ihrer jüngeren Schwester verheiraten will. Ludwig lehnt ab, er will lieber mit jungen Männern in seinem Muschelboot durch eine künstliche Grotte gondeln. Doch der Wahnsinn geht nicht lange gut.

Sissi: »Die Geschichte vergisst uns, es sei denn, jemand gibt uns Bedeutung, indem er uns ermordet.«

Romy Schneider: »Visconti hat als Einziger die Sissi historisch authentisch porträtiert.«

Buchtipp: Helmut Bergers Autobiografie mit dem zwingenden Titel *Ich* gehört auf jede Leseliste. Helmut Berger: »Ich weiß nicht, was Moral ist. Tut mir leid. Ich weiß auch nicht, was Unmoral ist.«

Der Film in einer Dialogzeile: Ludwig: »Ich möchte ein Rätsel bleiben, für immer. Für die anderen und auch für mich selbst.«

»Sie sind wunderschön, aber es fehlt Ihnen an Witz.«

40

César et Rosalie
1972
Regie: Claude Sautet
Co-Star: Yves Montant

Inhalt: Rosalie fällt die Entscheidung zwischen einem Comiczeichner und einem Schrotthändler (Yves Montand) schwer.

Romys Rolle: zu klein

Wissenswert: Der Schrotthändler und der Comiczeichner haben mehr gemeinsame Szenen im Film als Rosalie.

Romy Schneider zu Claude Sautet: »Ich hätte gerne, dass du eine Frauengeschichte schreibst. Ich habe die Nase voll von den ewigen Männergeschichten.«

Nerd-Wissen: der einzige Film der Filmgeschichte, in dem aus Eifersucht ein Comiczeichneratelier verwüstet wird

Mode: Romy Schneider trägt Kostüme von Yves Saint Laurent, Yves Montand ist für einige Sekunden in einem gelben Fischeroutfit zu sehen.

»Ich möchte noch sehr lange leben. Sehr lange.«

41

Le Train
1973
Regie: Pierre Granier-Deferre
Co-Star: Jean-Louis Trintignant

Inhalt: Nordfrankreich, 1940: Die Deutschen sind in Frankreich einmarschiert, der französische Radiomechaniker Julien (Jean-Louis Trintignant) versucht, seine Familie in Sicherheit zu bringen. In einem Flüchtlingszug finden Frau und Tochter in einem Abteil erster Klasse Platz, Julien fährt im angehängten Güterwagon mit. Dort lernt er die schweigsame Jüdin Anna (Romy Schneider) kennen und verliebt sich in sie. Anna: »Ich möchte nicht allein sein. Noch nicht gleich.«

Wissenswert: Romy Schneider bezeichnete *Le Train* in Interviews als einen ihrer Lieblingsfilme. Insgesamt hielten nur zehn ihrer eigenen Filme ihrem strengen Urteil stand. Den Rest hielt sie für wenig oder gar nicht gelungen.

Romy Schneider: »Ich weiß, was schlecht, mittelmäßig oder gut ist. Man kann mir nichts einreden.«

Der Film in einer Dialogzeile: Anna: »Was machen wir, wenn der Zug angekommen ist?«

LE TRAIN

DER ZUG

»Dabei ist so schönes Wetter.«

42

Un amour de pluie
1973
Regie: Jean-Claude Brialy
Co-Star: Nino Castelnuovo

Inhalt: Die wohlhabende Elizabeth reist mit drei Koffern, zwei Reisetaschen und ihrer vierzehnjährigen Tochter für ein paar Tage zu einem Kuraufenthalt in dem französischen Ort Vittel. Im Grand Hotel labt sich die verheiratete Frau an gesundem Wasser aus der örtlichen Quelle und an Giovanni, einem Parade-Gigolo. Doch schon bald ist der Kuraufenthalt vorbei. Giovanni: »Selbst bei der Liebe denkst du immer an morgen. Oder an gestern.« Elizabeth: »Vor allem an morgen!«

Warum? Für Romy war der Film ein Freundschaftsdienst für den Regisseur und langjährigen Freund Jean-Claude Brialy.

Musik: romantische Schmeicheleien von Francis Lai (*Love Story, Emmanuelle 2*)

Dieser Film könnte Ihnen gefallen, wenn … Ihnen bei Jaques Tatis *Ferien des Monsieur Hulot* der entscheidende Schuss Romantik fehlte.

Der Film in einer Dialogzeile: Elisabeth: »Ich glaub nicht, dass wir nächstes Jahr wiederkommen.«

sommer liebelei

»Und wenn ich alles für dich verlassen würde?
Und mit dir wegrenne?«

DAS WILDE SCHAF

*»Übrigens noch eins:
Ich bin schwanger.«*

43

Le mouton enragé
1974
Regie: Michel Deville
Co-Stars: Jean-Louis Trintignant,
Jean-Pierre Cassel, Jane Birkin

Inhalt: Ein Mann in einer beigefarbigen Strickweste stachelt einen Mann im mausgrauen Anzug zu amourösen Eroberungen an und lässt sie sich dann in einem typisch französischen Bistro nacherzählen. Die Frauen tragen kurze Röcke, nichts unter dem Mantel oder sind gleich ganz nackt. Der Mann in der Strickweste: »Du musst dich darauf trainieren, dich von deinen Hemmungen zu befreien.«

Der Film in einem Dialog: Nicolas: »Hast du's schon mal versucht auf einem Stuhl?« Roberte: »Na, hör mal, da fängt die Kunst doch erst an. Und unter der Dusche, Kopf nach unten, kennst du das? Und in der Küche unter dem Tisch, auf allen vieren?«

Romy Schneider: »Ich finde, alles ist erlaubt. Ist Ingmar Bergman unanständig?«

44

Le trio infernal
1974
Regie: Francis Girod
Co-Star: Michel Piccoli

Inhalt: Der windige Anwalt Georges (Michel Piccoli) schreckt auch vor Mord nicht zurück, um Versicherungssummen zu kassieren. Die mittellose Krankenpflegerin Philomene Schmidt (Romy Schneider) und deren Schwester Catherine assistieren ihm dabei. Besonders fordernd für die beiden Frauen ist die mühselige Beseitigung von zwei Leichen im Säurebad.

Der Film in einer Dialogzeile: Philomene (zu Georges): »Du altes Schwein.«

Wissenswert: Für die Rolle der Catherine war ursprünglich Uschi Glas vorgesehen, sie lehnte jedoch ab: »Ich hätte meine Seele opfern müssen für diese Rolle.«

Rezeption: In Deutschland wurde die Schwarze Komödie zum Skandal stilisiert, Romy Schneider zu Unrecht als »nackte Schwefelsäure-Mörderin« tituliert. Nackt ist jedoch nur das Mordopfer Andréa Ferréol, kurz bevor sie sich in der Badewanne auflöst. Das *Hamburger Abendblatt* schrieb: »Oh, Sissi, wie tief bist du gesunken.«

Romy Schneider: »Jeder, der glaubt, ich sei wie in meinen Filmen, ist ein Idiot.«

Trio Infernal

»Geht es Ihnen heut besser?«

45

L'important c'est d'aimer
1975
Regie: Andrzej Żuławski
In einer Nebenrolle: Klaus Kinski
als überkandidelter Schauspieler

Inhalt: Nadine Chevalier (Romy Schneider) fühlt sich als seriöse Schauspielerin, muss aber in billigen Schmuddelfilmen auftreten. Außerdem ist sie mit dem depressiven und impotenten Jacques verheiratet. Der Fotograf Servais (Fabio Testi) ist zwar in sie verliebt, will aber auch nicht mit ihr schlafen. Stattdessen finanziert er mit Mafiageld und ohne Nadines Wissen eine Aufführung von Shakespeares Richard III. mit Nadine in einer Hauptrolle. Doch statt des erhofften Durchbruchs als ernst zu nehmende Darstellerin hagelt es Verrisse.

Der Film in einer Dialogzeile: Jacques: »Weißt du, was das Schlimmste ist auf der Welt, das Abscheulichste, Widerlichste? Mitleid.«

Hintergrund: Romy Schneider zählte Żuławski neben Visconti, Sautet und Welles zu ihren vier großen Regisseuren. Żuławski über Romy Schneider: »Ich habe sie benutzt, wie wir sie alle benutzt haben.«

Romy Schneider: »Ersauft mit eurem Romichen. Fuck yourself mit Zitterspiel … Es interessiert mich einen Dreck, was die Leute von mir halten.« Für die Rolle erhält sie ihren ersten César.

»Ich bin weder ein Opfer noch eine Gefallene.
Mein Leben ist, was es ist.«

46

Les innocents aux mains sales
1975
Regie: Claude Chabrol
Co-Stars: Rod Steiger, **Jean Rochefort** (als geschwätziger Anwalt)

Inhalt: Die aparte Julie Wormser (Romy Schneider) empfindet nichts für ihren Mann, den reichen, aber schlecht gekleideten und alkoholkranken Louis (Rod Steiger). Mit dem faulen Schriftsteller Jeff macht sie Liebe auf dem Flokatiteppich und plant die Ermordung des Gatten. Doch alles kommt anders als geplant.

Der Film in einer Dialogzeile: Untersuchungsrichter: »Sie haben eiserne Nerven, Madame. Bewundernswert, bravo. Hoffentlich halten Sie das bis zum Ende durch.«

Interessant: Mit Regisseur Chabrol verstand sich Romy Schneider überhaupt nicht.

Die Unschuldigen mit den schmutzigen Händen

»Wir hatten getrennte Schlafzimmer, wenn es das ist, was Sie wissen wollen.«

DAS ALTE GEWEHR

»Eines Tages werde ich alt sein, und du wirst mich nicht einmal richtig angeschaut haben.«

47

Le vieux fusil
1975
Regie: Robert Enrico
Co-Star: Philippe Noiret

Inhalt: 1944. In den letzten Kriegstagen wird der pazifistische Chirurg Julien Zeuge eines Massakers, dem auch seine Frau Clara und seine Tochter zum Opfer fallen. Mit dem alten Jagdgewehr seines Vaters nimmt er Rache und beseitigt alle an dem Verbrechen beteiligten Nazis.

Romys Rolle: Intensiv, tragisch. Von SS-Soldaten vergewaltigt und mit dem Flammenwerfer umgebracht.

Rezeption: In Frankreich erhielt der Film hymnische Kritiken und wurde unter anderem mit dem César als bester Film des Jahres ausgezeichnet. Mit 3,3 Millionen Zusehern nach den *Sissi*-Filmen in Frankreich Romy Schneiders größter Kassenschlager. Rezeption in Deutschland: weniger gut. Der Spiegel bemäkelte die Darstellung der Nazis als »versoffen, geil, großmäulig, feige, brutal, tollpatschig und dumm«, außerdem »wirken sie nicht wie ernst zu nehmende Gegner des französischen Chirurgen«.

Bemerkenswert: Die Vergewaltigungsszene fiel in Deutschland der Zensur zum Opfer, wahrscheinlich, um die Nazis nicht in ein schlechtes Licht zu rücken. Der für das historisch belegte Massaker verantwortliche SS-Offizier Lammerding starb unbehelligt als alter Mann in Oberbayern.

48

Une femme à sa fenetre
1976
Regie: Pierre Granier-Deferre
Co-Stars: Philippe Noiret,
Umberto Orsini

Inhalt: Trotz offener Ehe langweilt sich Diplomatengattin Margot Santorini (Romy Schneider) im Griechenland der 1930er Jahre. Sie beginnt eine Affäre mit dem Kommunisten Boutros, der über mehrere Zeitebenen hinweg von Schergen der Militärdiktatur unter General Metaxa gejagt wird. Aber eigentlich wird sie vom Bauunternehmer Raoul Malfosse geliebt: »Was Ihnen fehlt, ist ein anderes Leben, kein Liebhaber.«

Wissenswert: Die leicht parfümierten Dialoge stammen vom spanischen Autor Jorge Semprún, der Darsteller des Diplomaten, Umberto Orsini, war in den Filmen *Emmanuelle 2* und *Goodbye Emmanuelle* auch als Gatte von Sylvia Kristel im Einsatz.

Der Film in einer Dialogzeile: Malfosse: »Spielen Sie nicht mit meinen Gefühlen, Margot.« Margot: »Ich spiele mit **meinen** Gefühlen, Malfosse.«

Die Frau am Fenster

*»Ich träume immer von einem Mann,
der sich mehr und mehr entfernt.«*

»Meine Verfassung ist nicht die beste. Hättest du mich angerufen, dann hätte ich mich schön gemacht.«

49

Mado
1976
Regie: Claude Sautet
Co-Star: Michel Piccoli

Inhalt: Der kühle Geschäftsmann Simon (Michel Piccoli) verwickelt sich in dubiose Machenschaften im Baugewerbe, leidet unter einer unzufriedenstellenden Beziehung zu einer jungen Prostituierten und hat auch seiner alkoholkranken Ex-Geliebten Hélène (Romy Schneider) nichts zu sagen. Simon: »Das Ausmaß meiner geistigen Zerrüttung geht nur mich etwas an.«

Romys Rolle: sieben sehr starke Minuten

Interessant: Im Lauf des Films raucht Piccoli nur zwölf Zigaretten.

Motto: »Jeder verkauft sich auf seine Art, das ist alles.«

Spoiler: Am Ende des Films bleiben drei Autos in einer endlos langen Szene im Schlamm stecken.

Claude Sautet über Romy Schneider: »Ich fürchte, sie arbeitet so viel, weil sie Angst hat, alleine zu sein.«

Gruppenbild mit Dame

»Ich hab Angst. Angst, zu sterben. Du nicht?«

50

Gruppenbild mit Dame
1977
Regie: Aleksandar Petrović
Co-Star: Brad Dourif

Inhalt: Leni Gruyten (Romy Schneider) arbeitet in der Nazizeit als Blumenbinderin auf einem Friedhof. Der russische Kriegsgefangene Boris (Brad Dourif) zitiert gern Verse von Georg Trakl. Leni verliebt sich in Boris, bekommt ein Kind von ihm, doch Glück ist ihr keines beschieden. Am Ende serviert sie Kekse für längst verstorbene Gäste, die nur in ihrem Kopf existieren.

Romys Rolle: von der deutschen Kritik verrissen, aber ausgezeichnet mit dem Deutschen Filmband in Gold

Wissenswert: Brad Dourif schaffte 1974 den Durchbruch mit *Einer flog über das Kuckucksnest.* Bevorzugt bei seiner Rollenwahl seitdem schwer gestörte Persönlichkeiten, unter anderem lieh er der Mörderpuppe Chucky mehrmals seine Stimme.

Der Film in einer Dialogzeile: Walter Pelzer: »Warum geht ihr nicht raus, Kinder? An der Luft stirbt sich's doch viel schöner.«

51

Une histoire simple
1978
Regie: Claude Sautet
Co-Star: Claude Brasseur

Inhalt: Marie ist Modezeichnerin, 39 und geschieden. Als sie von ihrem Liebhaber Serge (Claude Brasseur) schwanger wird, beschließt sie, das Kind nicht zu bekommen. Sie trennt sich von Serge und beginnt eine Affäre mit ihrem Ex-Mann, möchte aber allein leben, umgeben von ihren Freundinnen, die ähnliche Probleme wie sie haben.

Wissenswert: Der Film ist die Frauengeschichte, die sich Romy Schneider Jahre zuvor vom Regisseur und Autor Claude Sautet gewünscht hat.

Rezeption: Ausgezeichnet. Romy erhielt für die Rolle der Marie ihren zweiten César. Der Film war als bester ausländischer Film für den Oscar nominiert, unterlag aber dem weitaus lauteren Film *Die Blechtrommel.*

Bemerkenswert: Claude Sautet gefiel sein Film nicht besonders.

Der Film in einer Dialogzeile: Marie: »Ich schaff's nicht, einen Mann und ein Kind zur selben Zeit zu haben. Je mehr mir das klar wird, desto mehr sag ich mir: nicht so wichtig.«

eine einfache geschichte

»Was du verstehen musst, ist, dass ich keine Lust mehr habe, mit dir zu leben.«

»Die Arbeit einer Frau ist wohl nie zu Ende.«

52

Bloodline
Regie: Terence Young
Co-Stars: Audrey Hepurn,
James Mason, Gert Fröbe

Inhalt: Der Chef eines Pharmakonzerns stürzt in den Tod, für eine Serie kurzer Snuff-Filme werden Frauen ermordet, und ein prominent besetzter Aufsichtsrat (Audrey Hepburn, Romy Schneider, James Mason, Irene Papas …) tagt in einem Zimmer voll Holzfurnier. Wer ist der Mörder?

Romys Rolle: unglücklich verheiratet mit einem Mann, der Käfer aufspießt, um sie sterben zu sehen

Visionär: Der Assistent des Kommissars (Gert Fröbe) ist ein sprechendes, hochmodernes Computersystem, das einen ganzen Raum einnimmt.

Wissenswert: Die Story basiert auf einem Bestseller von Sidney Sheldon, dem damals meistübersetzten Autor der Welt.

Der Film in einem Dialog: Audrey Hepburn: »Hab ich Lippenstift am Zahn?« Ben Gazarra: »Es ist erstaunlich, du wirst deinem Vater immer ähnlicher.«

53

Clair de femme
1980
Regie: Costa-Gavras
Co-Star: Yves Montand

Inhalt: Lydia (Romy Schneider) hat bei einem Autounfall ihre Tochter verloren, Michel (Yves Montand) irrt durch Paris, während sich seine todkranke Frau in der gemeinsamen Wohnung das Leben nimmt. Lydia und Michel kommen sich kurz nahe, während der Schimpanse des Tierdompteurs Señor Galba mit einem rosa Pudel Paso Doble tanzt. Barmann (Roberto Benigni): »Señor Galba hält diese Nummer für sein Lebenswerk.«

Figuren: Die lebensmüde Lydia hört in ihrer dunklen Wohnung Flötenmusik aus den Anden, der zynische Michel gibt beschwipst düstere Oneliner zum Besten. (»Man kann nicht alleine sein und andauernd der atemlosen Indioflöte zuhören.«)

Erinnert an: *Ein Mann und eine Frau* (Claude Lelouch), *Monkey Business* (Marx Brothers)

Der Film in einem Dialog: Lydias russische Schwiegermutter: »Es kann nichts komisch genug sein, um das Leben auszuhalten.« Michel: »Ich muss jetzt was trinken, sonst komm ich womöglich wieder zu Bewusstsein.«

DIE LIEBE EINER FRAU

»Ich hab kein bisschen Lust mehr, zu leben.«

54

La mort en direct
1980
Regie: Bertrand Tavernier
Co-Stars: Harvey Keitel, Harry Dean Stanton

Inhalt: Irgendwann, in naher Zukunft. Die Bestsellerautorin Katherine (Romy Schneider) erfährt von ihrem Arzt, dass sie nur noch zwei Monate zu leben hat. Der skrupellose Fernsehmacher Vincent (Harry Dean Stanton) überredet sie, in seiner Unterhaltungsshow *Death Watch* mitzumachen, und beauftragt seinen Mitarbeiter Roddy (Harvey Keitel), Katherines Sterben mit einer in dessen Kopf implantierten Kamera aufzuzeichnen.

Romy Schneider: »Jeder Film ist für mich wie eine Wette, die ich unbedingt gewinnen muss. Ich muss mich immer selbst übertreffen. Ich liebe die Schwierigkeit.«

Der Film in einer Dialogzeile: Vincent: »Ich habe nichts gegen gewisse Emotionen.« Roddy: »Ich find's ohne besser.«

»Das ist der einzige Tod,
den ich zu verkaufen habe.«

55

La banquière
1980
Regie: Francis Girod
Co-Star: Jean-Louis Trintignant

Inhalt: Dubiose Bankgeschäfte bringen die bisexuelle Emma Eckhert in höchste Kreise, ihr humpelnder Widersacher, der skrupellose Horace Vannister (Jean-Louis Trintignant), möchte sie aber lieber vor Gericht, im Gefängnis oder gleich ganz tot sehen.

Der Film in einer Dialogzeile: Emma Eckhert: »Es ist mir egal, ob die Fakten gegen mich sprechen. Die Fakten bin ich.«

Interessant: Emma Eckhert hat es tatsächlich gegeben, hieß aber Marthe Hanau (1886–1935) und war rein optisch mehr ein Liesl-Karlstadt-Typ.

Romy Schneider: »Mich fasziniert diese Frau. Marthe Hanau und ich haben eine Menge gemeinsam.«

Die Bankiersfrau

»Das Geld. Wenn du wüsstest, wie egal mir das ist.«

die
zwei gesichter
einer frau

56

Fantasma d'amore
1981
Regie: Dino Risi
Co-Star: Marcello Mastroianni

Inhalt: Der unglücklich verheiratete Rechtsanwalt Nino (Marcello Mastroianni) trifft eines Nachts im Autobus zufällig seine Jugendliebe Anna (Romy Schneider) wieder. Sie ist alt geworden und krank. Vielleicht ist sie auch schon tot.

Interessant: Ninos Frau trägt, wahrscheinlich wegen der kalten Ehe, meistens Pelzmäntel.

Genre: Romantik/Zombie

Motto: Alte Liebe stirbt nie.

Romys Rolle: uneitel, glaubwürdig alt

Nerd-Wissen: Die stimmungsvolle Kamera führte Tonino Delli Colli *(Spiel mir das Lied vom Tod).*

Romy Schneider: »Die Erinnerung ist oft das Schönste im Leben, glaube ich.«

Der Film in einer Dialogzeile: Nino: »Wir leben, und gleichzeitig sind wir tot.«

57

Garde à vue
1981
Regie: Claude Miller
Co-Stars: Lino Ventura, Michel Serrault

Inhalt: Zwei achtjährige Mädchen wurden ermordet. In einer Silvesternacht verhört Inspektor Gallien (Lino Ventura) den angesehenen Notar Martinaud (Michel Serrault), den er für den Kindermörder hält. Auch Martinauds Ehefrau Chantal (Romy Schneider) verdächtigt ihren Mann, ein Päderast zu sein. Chantal: »Er ist gemein, Martinaud, sobald er aufhört, Maître Martinaud zu sein. Gemein.«

Rezeption: Einer der beliebtesten Filme mit Romy Schneider. Allein in Frankreich gingen über 2 Millionen Menschen ins Kino, um ein Kammerspiel zu sehen, das hauptsächlich an einem Tisch spielt.

Nerd-Wissen: Filme, die an einem Tisch spielen, waren 1981 en vogue. Im selben Jahr kam auch *Mein Essen mit André* in die Kinos, der fast ausschließlich an einem Esstisch spielt.

Romys Rolle in einer Dialogzeile: Inspektor Gallien: »Hat man Sie hier im Dunkeln stehen lassen, Madame?«

DAS VERHÖR

»Es gibt Bilder, die man nicht vergessen kann.«

58

La passante du Sans-Souci
1982
Regie: Jacques Rouffio
Co-Star: Romy Schneider,
Michel Piccoli

Inhalt: Der seriöse Max Baumstein (Michel Piccoli) erschießt den Botschafter von Paraguay. Nach und nach erkennt seine Frau Lina (Romy Schneider) sein Motiv. In Rückblenden wird die Geschichte von Max' Kindheit unter der Nazi-Herrschaft erzählt, die auch die Leidensgeschichte von Elsa Wiener (ebenfalls Romy Schneider) ist. Max: »Meine Tat ist ein Schrei, ein Alarmruf. Wer sich in der Welt umsieht, wird erkennen, dass sich überall wieder gefährliche Kräfte regen, die versuchen, der Menschheit erneut jene Rassentheorien schmackhaft zu machen, die bereits 1933 die Welt in Blut und Flammen tauchten.«

Der Film in einer Dialogzeile: Charlotte: »Soll ich dir was sagen, Elsa? Das Leben ist große Scheiße.«

Romy Schneider: »Für mich ist *Die Spaziergängerin von Sans-Souci* mehr als nur ein Film. Sehr viel mehr!«

DIE SPAZIERGÄNGERIN VON SANS-SOUCI

»Ich hab immerzu an dich gedacht,
um zu überleben.«

Sechsundvierzig Tage nachdem *Die Spaziergängerin von Sans-Souci* in Frankreich in die Kinos kommt, stirbt Romy Schneider mit dreiundvierzig Jahren in Paris.

»Ich liebe meine Arbeit, sie ist meine Passion. Aber ich bin es leid, immer wieder andere Frauen zu sein. Ich will endlich ich selbst sein. Ich will mich endlich ausruhen.«

Romy Schneider

Quellenangaben

Günter Krenn, *Romy Schneider – Die Biografie*. Berlin 2009: Aufbau Verlag.

Günter Krenn, *Romy & Alain, eine amour fou*. Berlin 2013: Aufbau Verlag.

Günter Krenn, *Die Welt ist Bühne: Karlheinz Böhm. Die Biographie*. Berlin 2018: Aufbau Verlag.

Karin Moser (Hg.), *Romy Scheider. Film. Rolle. Leben*. Wien 2008: verlag filmarchiv austria.

Alice Schwarzer, *Romy Schneider. Mythos und Leben*. Köln 2002: Verlag Kiepenheuer & Witsch.

Hans-Jürgen Syberberg, *Romy in Kitzbühel 1966. Texte, Photographien, Filmstills: Texte, Photographien, Filmstills und der Romy Schneider-Film »Romy. Portrait eines Gesichts« im Director's Cut*. München 2018: Schirmer Mosel Verlag.

Renate Seydel, Bernd Meier, *Romy Schneider – Bilder ihres Lebens*. Berlin 1989: Henschelverlag.

Isabelle Giordano, *Romy Schneider. Film für Film: Ein Handbuch*. München 2017: Schirmer Mosel Verlag.

Pierre J.-B. Benichou, Sylviane Pommier, *Romy Schneider. Ihre Filme – ihr Leben*. München 2005: Heyne Verlag.

»Romy ist die rätselhafteste Persönlichkeit, die ich je getroffen habe.«

Annie Girardot